LAS 22 COMPETENCIAS ESENCIALES DE VENTAS

Recuerda que el camino hacia el éxito en las ventas no siempre será fácil. Habrá desafíos, obstáculos y momentos de duda

LAS 22 COMPETENCIAS ESENCIALES DE VENTAS

Información legal

Título del libro: Las 22 Competencias esenciales de Ventas

Derecho de Autor: Todos los derechos reservados. La reproducción de este libro en versión e-Book, o papel está prohibido terminantemente sin el consentimiento expreso por escrito del autor, incluyendo total o parcial en cualquier forma o manera.

Autor: Dionisio Melo

Nombre editorial: Publicación Independiente

ISBN: 9798321255629

LAS 22 COMPETENCIAS ESENCIALES DE VENTAS

INDICE

Competencia # 1
La voluntad de Vender

Competencia # 2
Deseo

Competencia # 3
Compromiso

Competencia # 4
Perspectiva

Competencia # 5
Motivación

Competencia # 6
Responsabilidad

Competencia # 7
Necesidad de aprobación

Competencia # 8
Escucha Activa

Competencia # 9
Creencias y Valores

LAS 22 COMPETENCIAS ESENCIALES DE VENTAS

Competencia # 10
Ciclo de Compra

Competencia # 11
Comodidad con el dinero

Competencia # 12
Manejo del rechazo

Competencia # 13
Prospección

Competencia # 14
Alcanzar a los Tomadores de Decisión

Competencia # 15
Construcción de Relaciones

Competencia # 16
Venta Consultiva

Competencia # 17
Vender Valor

Competencia # 18
Clasificación

Competencia # 19
Habilidades de Presentación

Competencia # 20
Cierre

LAS 22 COMPETENCIAS ESENCIALES DE VENTAS

Competencia # 21
Proceso de Ventas

Competencia # 22
Tecnología de Ventas

LAS 22 COMPETENCIAS ESENCIALES DE VENTAS

INTRODUCCION

La experiencia en el campo con vendedores se combina con enfoques probados para identificar y cultivar el talento más idóneo para impulsar el crecimiento de tu organización. En este libro, exploraremos cómo la ciencia de la venta puede ser tu aliada en el proceso de asegurar que tu equipo de ventas esté compuesto por individuos con el potencial y la voluntad de llevar a tu empresa hacia el éxito.

Desde la evaluación de las habilidades y competencias necesarias hasta la comprensión de cómo motivar y desarrollar a tus vendedores de manera efectiva, descubrirás cómo obtener una ventaja competitiva en el mercado actual. Nos sumergiremos en las 22 Competencias Esenciales de Ventas, el fundamento científico que distingue a los vendedores de élite y que te permitirá transformar la forma en que desarrollas y capacitas a tu equipo.

LAS 22 COMPETENCIAS ESENCIALES DE VENTAS

Enfrenta desafíos comunes como la inconsistencia en los resultados y la dificultad para identificar oportunidades, desarrollando soluciones efectivas respaldadas por datos y experiencia. Descubre cómo otras empresas líderes aprovechan estas competencias para potenciar el crecimiento de sus vendedores, aumentar los ingresos y mantenerse competitivas en un mercado en constante cambio.

Este libro te proporcionará la información necesaria para responder preguntas clave sobre la producción consistente de tu equipo de ventas, la selección del personal adecuado, la articulación del valor de tus productos o servicios, y la construcción de relaciones duraderas con los clientes. Prepárate para explorar la ciencia detrás del éxito en las ventas y llevar a tu organización hacia nuevos niveles de rendimiento y éxito comercial.

LAS 22 COMPETENCIAS ESENCIALES DE VENTAS

¿CÓMO SABES SI TUS VENDEDORES VENDERÁN?

Permite que la ciencia de la venta, respaldada por años de trabajo de campo con vendedores, sea tu aliada en el proceso de identificar y cultivar el talento más idóneo para impulsar el crecimiento de tu organización. Al utilizar enfoques probados, podrás no solo identificar a aquellos individuos con las habilidades y competencias necesarias, sino también comprender cómo motivarlos y desarrollarlos de manera efectiva. Este te brindará una ventaja competitiva al garantizar que tu equipo de ventas esté compuesto por personas que no solo tienen el potencial, sino también la voluntad de llevar a tu empresa hacia el éxito.

La ciencia de la venta: ¿Pueden tus vendedores vender y cómo se comparan?

Cuando reflexionas sobre tu equipo de ventas, ¿te encuentras enfrentando desafíos como la inconsistencia en los resultados, la

LAS 22 COMPETENCIAS ESENCIALES DE VENTAS

dificultad para identificar oportunidades o la dedicación de recursos a perseguir leads poco prometedores? Estos son problemas comunes que pueden obstaculizar el rendimiento de tu equipo y el crecimiento de tu empresa. Sin embargo, no todo está perdido. Estoy aquí para ayudarte a identificar las raíces de estos problemas y desarrollar soluciones efectivas. Con un enfoque basado en datos y experiencia, podemos trabajar juntos para optimizar la eficiencia y efectividad de tu equipo de ventas, asegurando así un camino más claro hacia el éxito empresarial.

Las 22 Competencias Esenciales de Ventas constituyen el fundamento de la ciencia que distingue a los vendedores de élite del resto del grupo. Estos datos son la clave para comprender qué habilidades y atributos realmente impulsan el éxito en el mundo de las ventas. Al comprender y aprovechar estas competencias, las empresas pueden transformar la forma en que desarrollan y capacitan a sus equipos de ventas, lo que les

LAS 22 COMPETENCIAS ESENCIALES DE VENTAS

permite alcanzar niveles más altos de rendimiento y éxito comercial.

Descubre cómo otras empresas líderes están aprovechando estas competencias para potenciar el crecimiento de sus vendedores, aumentar los ingresos y mantener márgenes competitivos en un mercado en constante evolución. Al adoptar un enfoque basado en datos para el desarrollo de ventas, las organizaciones pueden obtener una ventaja significativa en la competitiva arena comercial de hoy en día.

Esta información te ayudará a ti y a tus líderes a responder las siguientes preguntas:

¿Cuentan mis vendedores con las competencias esenciales de ventas a un nivel que garantice una producción consistente y confiable?

¿He seleccionado al personal idóneo para ocupar los roles adecuados en mi equipo de ventas, asegurándome de que cada miembro esté desempeñando su función de manera óptima?

LAS 22 COMPETENCIAS ESENCIALES DE VENTAS

¿Poseen mis vendedores las habilidades necesarias para articular y vender el valor de nuestros productos o servicios, resistiendo la presión sobre los precios y destacando los beneficios únicos que ofrecemos?

¿Están equipados mis vendedores con las habilidades de prospección, calificación y consultivas que son cruciales para mantener un éxito sostenido en el mercado y construir relaciones duraderas con los clientes?

LAS 22 COMPETENCIAS ESENCIALES DE VENTAS

LAS 22 COMPETENCIAS

LAS 22 COMPETENCIAS ESENCIALES DE VENTAS

Competencia # 1
La Voluntad de Vender

Sumergirse en el análisis profundo de las cualidades fundamentales de tus vendedores es esencial para comprender su capacidad para triunfar en el exigente mundo de las ventas. Más allá de simplemente evaluar sus habilidades técnicas, es crucial explorar su Deseo y Compromiso hacia el éxito. ¿Están verdaderamente motivados y comprometidos con el logro de metas? Esta determinación no solo implica la disposición de alcanzar objetivos, sino también la perseverancia para superar obstáculos y mantenerse enfocados en el camino hacia el éxito.

Al examinar la perspectiva de tus vendedores en el negocio, es fundamental evaluar su capacidad para adoptar una mentalidad estratégica y proactiva. ¿Tienen la visión y la iniciativa necesarias para identificar oportunidades y enfrentar desafíos de manera creativa? La capacidad de asumir una perspectiva amplia y estratégica puede marcar la diferencia entre simplemente reaccionar a las circunstancias y proactivamente influir en el curso de los eventos.

Otro aspecto crucial a considerar es la disposición de tus vendedores para asumir Responsabilidad por sus resultados. ¿Se responsabilizan de sus acciones y decisiones, o tienden a buscar excusas cuando las cosas no salen como esperaban? La disposición para asumir la responsabilidad es un indicador clave de madurez y profesionalismo, y puede influir significativamente en la capacidad de un vendedor para aprender y crecer a partir de las experiencias.

Explorar el nivel de Motivación de tus vendedores también es esencial para comprender qué impulsa su desempeño. ¿Están motivados principalmente por factores externos, como bonificaciones y reconocimiento, o su impulso proviene de una pasión interna por el éxito y el logro personal? Entender estas motivaciones puede ayudarte a diseñar estrategias efectivas de incentivos y desarrollo

LAS 22 COMPETENCIAS ESENCIALES DE VENTAS

personalizado para cada miembro de tu equipo.

Esta evaluación exhaustiva proporciona una visión completa del panorama motivacional de tu equipo de ventas. Al comprender las fuerzas impulsoras detrás de su desempeño, podrás identificar áreas de fortaleza y oportunidades de crecimiento. Además, te permitirá implementar estrategias efectivas para impulsar su éxito y contribución al crecimiento de la organización, creando un equipo de ventas altamente eficaz y comprometido con el éxito a largo plazo.

Competencia # 2
Deseo

Cada gran vendedor posee una fuerza impulsora interna que los impulsa hacia el éxito. Es similar al ardor que motiva a los músicos a perfeccionar su arte, a los actores a cautivar audiencias o a los atletas a superar sus límites. Esta pasión y dedicación inquebrantable también caracteriza a los vendedores de élite. Ellos no solo buscan el éxito, lo persiguen con una determinación feroz.

Los vendedores de alto rendimiento no se conforman con la mediocridad; tienen una sed insaciable de alcanzar la grandeza en su campo. Ven la venta no solo como una profesión, sino como una oportunidad para demostrar su valía y obtener recompensas por su arduo trabajo y dedicación. Este deseo inquebrantable de éxito impulsa cada acción que emprenden y los impulsa a superarse constantemente.

Al evaluar tu equipo de ventas, es crucial identificar aquellos individuos que carecen fundamentalmente de este deseo ardiente

LAS 22 COMPETENCIAS ESENCIALES DE VENTAS

por el éxito. Estos individuos pueden ser un obstáculo para el progreso del equipo y pueden requerir atención adicional para fomentar y cultivar su motivación intrínseca. Observar de cerca el nivel de deseo y compromiso de cada miembro del equipo te ayudará a construir un equipo sólido y motivado que esté preparado para enfrentar cualquier desafío y alcanzar nuevos niveles de éxito en las ventas.

Competencia # 3
Compromiso

La disposición para hacer lo que sea necesario para alcanzar el éxito, siempre y cuando se mantenga dentro de los límites de la moralidad y la ética, es una cualidad fundamental en todo vendedor exitoso. Se trata de más que simplemente desear el éxito; implica un compromiso profundo y una dedicación inquebrantable para lograr los objetivos establecidos, sin importar los desafíos que puedan surgir en el camino.

Cuando evaluamos el compromiso de un vendedor, estamos considerando su disposición para superar obstáculos, perseverar ante la adversidad y mantenerse firme en sus principios fundamentales, incluso en las situaciones más difíciles. Esta competencia va más allá del simple deseo de tener éxito; se trata de una determinación arraigada en valores sólidos y una ética de trabajo impecable.

Es importante destacar que el compromiso no implica sacrificar la integridad moral o ética en aras del éxito. Por el contrario, implica tomar decisiones y acciones que estén alineadas con los más altos estándares de conducta y responsabilidad profesional. Un vendedor comprometido no solo busca el éxito personal, sino que también se esfuerza por construir relaciones sólidas y duraderas con los clientes, basadas en la confianza y la transparencia.

Evaluar el compromiso de tus vendedores con seguir un proceso de ventas es esencial para determinar su capacidad para alcanzar el éxito en el competitivo mundo de las ventas. El compromiso no solo se trata de estar dispuestos a seguir un conjunto de pasos predefinidos, sino también de demostrar una dedicación total hacia la consecución de los objetivos establecidos y un impulso constante para superar cualquier obstáculo que se presente en el camino.

Cuando analizamos el compromiso de un vendedor con el proceso de ventas, estamos considerando varios aspectos clave. En primer lugar, es importante evaluar si están verdaderamente comprometidos con el proceso definido por la organización,

LAS 22 COMPETENCIAS ESENCIALES DE VENTAS

comprendiendo su importancia y siguiéndolo de manera diligente y consistente. Esto implica estar dispuestos a adoptar las mejores prácticas y utilizar las herramientas proporcionadas para maximizar su efectividad en cada etapa del proceso.

Además, el compromiso también se relaciona con la voluntad de trabajar arduamente y dar lo mejor de sí mismos en todo momento, incluso cuando las circunstancias son desafiantes o poco motivadoras. Los vendedores comprometidos no se desaniman fácilmente frente a los contratiempos, sino que encuentran la motivación interna necesaria para perseverar y mantenerse enfocados en sus objetivos a largo plazo.

Asimismo, el compromiso implica estar dispuestos a realizar las acciones difíciles que son fundamentales para el éxito en ventas, incluso cuando estas implican salir de la zona de confort o enfrentar situaciones desafiantes. Esto puede incluir desde realizar llamadas en frío hasta abordar

LAS 22 COMPETENCIAS ESENCIALES DE VENTAS

objeciones de manera efectiva, siempre con la convicción de que estas acciones son necesarias para alcanzar los resultados deseados.

En última instancia, el verdadero compromiso se manifiesta en la disposición de los vendedores para cerrar nuevos negocios y convertir las oportunidades en ventas reales. Los vendedores comprometidos no solo buscan alcanzar sus metas individuales, sino que también están comprometidos con el éxito general de la organización y están dispuestos a hacer lo que sea necesario para contribuir a su crecimiento y desarrollo continuo.

LAS 22 COMPETENCIAS ESENCIALES DE VENTAS

Competencia # 4
Perspectiva

La Competencia de Perspectiva va más allá de simplemente cómo tus vendedores se sienten respecto a sí mismos, tu empresa y el mercado. Se trata de su capacidad para mantener una mentalidad positiva y enfocada incluso en momentos de adversidad y desafío. Cuando las cosas no van tan bien como esperado, es cuando la perspectiva de tus vendedores se vuelve crítica para determinar cómo manejan la situación y qué acciones toman para seguir adelante.

Imaginemos una situación en la que tus vendedores enfrentan dificultades para obtener respuesta de los clientes, o luchan por acceder a las personas clave dentro de las organizaciones objetivo. En estos momentos, su perspectiva influirá en cómo enfrentan estos obstáculos. Los vendedores con una perspectiva positiva buscarán soluciones creativas, mantendrán una actitud proactiva y buscarán oportunidades incluso en medio de la adversidad. Por otro lado, aquellos con una perspectiva negativa pueden desanimarse fácilmente, culpar a factores externos y perder la motivación para seguir adelante.

Es importante reconocer que la perspectiva de tus vendedores no solo afecta su propio desempeño, sino también su capacidad para influir en el resultado de las interacciones con los clientes. Los clientes pueden detectar rápidamente si un vendedor está desanimado o negativo, lo que puede impactar negativamente en la relación y en la posibilidad de cerrar una venta.

Por lo tanto, como líder o gerente de ventas, es fundamental comprender y abordar la perspectiva de tus vendedores de manera proactiva. Esto puede implicar proporcionar apoyo y orientación adicionales, fomentar una cultura organizacional que promueva la mentalidad positiva y el trabajo en equipo, y brindar herramientas y recursos para ayudar a tus vendedores a superar los desafíos y mantenerse enfocados en sus objetivos a largo plazo.

LAS 22 COMPETENCIAS ESENCIALES DE VENTAS

Al hacerlo, no solo fortalecerás el desempeño individual de tus vendedores, sino que también impulsarás el éxito general de tu equipo de ventas y de tu organización.

Superar los desafíos y alcanzar el éxito en el mundo de las ventas requiere más que solo habilidades técnicas y conocimientos del producto. La perspectiva de tus vendedores juega un papel fundamental en su capacidad para enfrentar y superar obstáculos, así como para mantenerse enfocados y motivados a lo largo del tiempo. Es por eso que comprender la perspectiva de tus vendedores es crucial para el éxito de tu equipo de ventas y, en última instancia, para el éxito de tu organización en su conjunto.

Cada vendedor tiene una perspectiva única que está moldeada por sus experiencias pasadas, su personalidad, su entorno de trabajo y una serie de otros factores. Algunos pueden mantener una actitud optimista y proactiva incluso en medio de desafíos significativos, mientras que otros pueden desanimarse fácilmente ante la adversidad. Como líder de ventas, es

LAS 22 COMPETENCIAS ESENCIALES DE VENTAS

esencial reconocer estas diferencias individuales y entender cómo influyen en el desempeño y la efectividad de cada vendedor.

Cuando conoces la perspectiva de tus vendedores, puedes identificar quiénes son los más propensos a mantenerse comprometidos y enfocados durante los momentos difíciles. Estos son los individuos en quienes puedes confiar para seguir adelante y continuar tomando las acciones necesarias para alcanzar los objetivos de ventas, incluso cuando las cosas no van según lo planeado. Por otro lado, también puedes identificar a aquellos que pueden necesitar apoyo adicional o capacitación para fortalecer su perspectiva y aumentar su resiliencia frente a los desafíos.

Competencia # 5
Motivación

La motivación es un factor clave que impulsa el éxito en las ventas, y comprender cómo están motivados tus vendedores es fundamental para maximizar su rendimiento y su contribución al equipo. La Competencia de Motivación se centra en evaluar tanto la presencia como la naturaleza de la motivación de tus vendedores, diferenciando entre la motivación intrínseca y extrínseca.

En primer lugar, es importante reconocer que la motivación es un impulso interno que impulsa a los individuos a tomar acción y perseguir sus metas. Como líder de ventas, tu papel es fomentar un entorno que nutra y potencie esta motivación inherente en tus vendedores. Sin embargo, también es crucial comprender que la motivación puede manifestarse de diferentes maneras y estar influenciada por una variedad de factores.

La motivación intrínseca se refiere a la motivación que surge de dentro de un individuo, impulsada por su propio interés y satisfacción personal. Los vendedores intrínsecamente motivados encuentran alegría y gratificación en el proceso de venta en sí mismo, disfrutando de los desafíos y la oportunidad de crecimiento profesional que ofrece la profesión de ventas. Estos individuos están impulsados por su pasión por el éxito y la superación personal, lo que los impulsa a esforzarse constantemente por alcanzar sus objetivos.

Por otro lado, la motivación extrínseca se deriva de factores externos, como recompensas tangibles o incentivos externos. Los vendedores extrínsecamente motivados pueden estar impulsados por la promesa de bonificaciones financieras, reconocimiento público o premios materiales. Aunque estos incentivos externos pueden ser efectivos para impulsar el rendimiento a corto plazo, es importante reconocer que la motivación extrínseca tiende a ser menos sostenible a largo plazo y puede disminuir si los incentivos se vuelven insuficientes o poco gratificantes.

LAS 22 COMPETENCIAS ESENCIALES DE VENTAS

Como líder de ventas, tu objetivo es identificar y comprender las formas de motivación de cada miembro de tu equipo y utilizar esta información para inspirar y respaldar su rendimiento. Esto puede implicar el diseño de programas de incentivos efectivos que reconozcan y recompensen tanto la motivación intrínseca como la extrínseca, así como la creación de un ambiente de trabajo que fomente el crecimiento personal y profesional de tus vendedores.

Competencia # 6
Responsabilidad

La capacidad de asumir la responsabilidad de los resultados es una competencia crítica cuando se evalúa a tus vendedores. ¿Se responsabilizan del resultado que han generado?

Cuando los vendedores no alcanzan los resultados deseados, a menudo tienen la tentación de buscar excusas externas para justificar su desempeño. Pueden señalar hacia factores como la economía, la competencia o incluso la propia empresa como causas de su falta de éxito. Sin embargo, esta mentalidad de culpar a otros impide que asuman la responsabilidad de sus acciones y decisiones.

Es fundamental que los vendedores reconozcan que son los principales responsables de los resultados que logran. Al hacerlo, pueden tomar medidas proactivas para mejorar su desempeño y superar los desafíos que enfrentan en el mercado. En lugar de buscar excusas, necesitan adoptar una mentalidad de propiedad y compromiso con sus metas y objetivos de ventas.

Como líder, debes fomentar una cultura de responsabilidad en tu equipo de ventas. Esto implica establecer expectativas claras y brindar apoyo y recursos para que los vendedores puedan alcanzar sus objetivos. Al mismo tiempo, es importante reconocer y celebrar los logros y éxitos de aquellos que demuestran una actitud proactiva y responsable hacia su trabajo.

Al alentar a tus vendedores a asumir la responsabilidad de sus resultados y acciones, verás cómo aumenta su motivación y compromiso con el éxito. Esto no solo mejorará el rendimiento individual de cada vendedor, sino que también contribuirá al éxito general de tu equipo de ventas y de la organización en su conjunto.

LAS 22 COMPETENCIAS ESENCIALES DE VENTAS

Competencia # 7
Necesidad de Aprobación
En el mundo de las ventas, la necesidad de ser aceptado puede convertirse en un obstáculo significativo para el éxito. Cuando los vendedores priorizan la aprobación del cliente sobre el avance en el proceso de ventas, pueden perder oportunidades importantes y comprometer sus resultados. Es crucial evaluar si tus vendedores están afectados por esta dinámica y cómo eso influye en su desempeño.

La necesidad de ser gustado es una tendencia natural en la mayoría de las personas, y es comprensible que los vendedores busquen establecer relaciones positivas con sus clientes. Sin embargo, cuando esta necesidad se convierte en una prioridad por encima de todo, puede obstaculizar la capacidad del vendedor para desafiar al cliente, hacer preguntas difíciles y avanzar en el proceso de ventas de manera efectiva.

LAS 22 COMPETENCIAS ESENCIALES DE VENTAS

Es esencial que los vendedores encuentren un equilibrio entre ser amables y ser asertivos en sus interacciones con los clientes. Ser asertivo implica tener la confianza y la determinación para abordar temas difíciles y defender los intereses de la empresa y del cliente. Los vendedores deben sentirse seguros al hacer preguntas difíciles y desafiadoras que les permitan comprender las necesidades del cliente y presentar soluciones relevantes.

Para superar la necesidad excesiva de aprobación, los vendedores deben enfocarse en el valor que ofrecen y en cómo pueden ayudar al cliente a alcanzar sus objetivos. Esto requiere un cambio en la mentalidad, donde el vendedor reconoce que su objetivo principal es satisfacer las necesidades del cliente de manera efectiva, incluso si eso implica hacer preguntas incómodas o desafiar las expectativas del cliente.

Como líder de ventas, es importante proporcionar capacitación y apoyo continuo para ayudar a tus vendedores a desarrollar habilidades de comunicación asertiva y superar cualquier barrera relacionada con la necesidad de aprobación. Al hacerlo, podrás cultivar un equipo de ventas que pueda enfrentar los desafíos con confianza y cerrar acuerdos de manera efectiva, sin comprometer la relación con el cliente.

LAS 22 COMPETENCIAS ESENCIALES DE VENTAS

Competencia # 8
Escucha Activa

Un vendedor efectivo comprende la importancia de permanecer totalmente presente durante una interacción con un prospecto. Esto significa no solo estar físicamente presente, sino también mentalmente comprometido con la conversación en curso. Cuando un vendedor está verdaderamente en el momento, puede captar señales verbales y no verbales sutiles del prospecto, lo que le permite ajustar su enfoque y responder de manera más efectiva a sus necesidades y preocupaciones.

Para lograr esto, los vendedores deben desarrollar habilidades de escucha activa, lo que implica más que simplemente escuchar pasivamente las palabras del prospecto. Se trata de estar completamente enfocado en lo que se dice, observando el lenguaje corporal, el tono de voz y otras señales que pueden proporcionar información sobre los pensamientos y sentimientos del prospecto.

LAS 22 COMPETENCIAS ESENCIALES DE VENTAS

Solo al estar verdaderamente presentes en la conversación, los vendedores pueden formular preguntas significativas y relevantes que profundicen en las necesidades del prospecto y construyan una conexión genuina.

La habilidad de escucha activa y la capacidad de permanecer en el momento son esenciales para cualquier vendedor que desee destacarse en su campo. Estas habilidades no solo les permiten comprender mejor las necesidades y deseos de sus prospectos, sino que también les ayudan a establecer relaciones sólidas y a generar confianza. Por lo tanto, es fundamental que los vendedores practiquen y mejoren constantemente estas habilidades para lograr un rendimiento óptimo en su trabajo.

LAS 22 COMPETENCIAS ESENCIALES DE VENTAS

Competencia # 9
Creencias y Valores

¿Cómo influyen las creencias y valores de tus vendedores en su desempeño? Es una pregunta crucial que debemos abordar para comprender la dinámica de ventas en tu equipo. A menudo, las creencias arraigadas pueden actuar como obstáculos invisibles que impiden el éxito de un vendedor. Es como tener una batalla interna entre lo que saben que deberían hacer y lo que su mente les dice que es imposible.

Cuando consideramos la competencia más grande de un vendedor, muchos automáticamente piensan en la competencia externa, otras empresas que ofrecen productos o servicios similares. Sin embargo, la realidad es que a menudo el mayor desafío que enfrenta un vendedor proviene de dentro de sí mismo. Es esa voz interna que duda, que teme el rechazo o que se conforma con la mediocridad.

Las creencias de los vendedores pueden ser la clave para desbloquear su potencial o para limitarlo. Si creen firmemente en su capacidad para entablar conversaciones significativas y cerrar acuerdos, es más probable que lo hagan. Por otro lado, si están plagados de dudas y creencias limitantes, es probable que se autosaboteen sin siquiera darse cuenta.

El concepto de "basura mental" es especialmente relevante aquí. Son esas ideas preconcebidas y autolimitantes que pueden nublar el juicio de un vendedor y obstaculizar su rendimiento. Identificar y abordar estas creencias negativas es fundamental para liberar el potencial de tus vendedores y llevar su desempeño al siguiente nivel.

Por lo tanto, es crucial evaluar y comprender las creencias y valores arraigados de tus vendedores. ¿Están alineados con el éxito en las ventas o actúan como obstáculos? ¿Qué podemos hacer para cambiar las creencias negativas por creencias positivas y potenciadoras? Estas son preguntas importantes que deben

LAS 22 COMPETENCIAS ESENCIALES DE VENTAS

abordarse para cultivar un equipo de ventas de alto rendimiento.

Competencia # 10
Ciclo de Compra

La dinámica entre cómo tomamos decisiones de compra a nivel personal y cómo esperamos que otros compren es fascinante. Seamos conscientes o no, nuestro propio proceso de compra influye en la forma en que abordamos el proceso de ventas. Esta conexión subconsciente entre el ciclo de compra personal y el proceso de venta es una revelación importante que ha surgido de décadas de investigación en ventas.

Es interesante observar cómo los vendedores tienden a vender de manera similar a cómo compran. Si consideramos a un vendedor que, en su vida personal, prefiere comparar precios y reflexionar antes de realizar una compra importante, es probable que adopte una actitud similar al presentar una solución a un prospecto. Cuando el prospecto responde con un "Déjame pensarlo", el vendedor está naturalmente inclinado a aceptarlo,

LAS 22 COMPETENCIAS ESENCIALES DE VENTAS

reflejando su propia tendencia a pensar cuidadosamente antes de tomar decisiones importantes.

Este enfoque, aunque puede parecer comprensible desde la perspectiva del vendedor, puede tener consecuencias negativas en el proceso de ventas. La falta de establecimiento de expectativas claras antes de presentar una solución puede resultar en tuberías infladas y oportunidades perdidas. Es crucial que los vendedores aprendan a establecer expectativas desde el principio para evitar que los tratos se estanquen o se pierdan en el camino.

El dato revelador sobre las probabilidades de éxito cuando un prospecto dice "Déjame pensarlo" subraya la importancia de evaluar el ciclo de compra de un vendedor. ¿Están equipados para manejar eficazmente estas situaciones y avanzar en el proceso de ventas de manera efectiva? ¿O su propio ciclo de compra los está frenando? Estas son preguntas importantes que deben abordarse para garantizar el éxito en las ventas.

LAS 22 COMPETENCIAS ESENCIALES DE VENTAS

Competencia # 11
Comodidad con el Dinero

La capacidad de tus vendedores para abordar el tema financiero de manera efectiva puede marcar la diferencia entre cerrar un trato y perder una oportunidad. Es fundamental entender hasta qué punto se sienten cómodos hablando sobre dinero y cómo manejan estas conversaciones en el proceso de ventas.

¿Están tus vendedores preparados para iniciar una conversación temprana y profunda sobre el aspecto financiero de un trato? ¿Lo hacen de manera natural y efectiva, o se sienten incómodos al tocar este tema delicado? La disposición para explorar el presupuesto del prospecto desde el principio puede revelar mucho sobre su compromiso y capacidad para avanzar en la negociación.

Además, la habilidad para formular preguntas incisivas que revelen la disposición del prospecto para realizar un cambio y el costo asociado con ello es crucial. ¿Tus vendedores están dispuestos a profundizar y descubrir qué implica realmente la inversión para resolver el problema del cliente? Estas son preguntas que no solo revelan la confianza del vendedor en hablar sobre dinero, sino también su capacidad para entender las necesidades y prioridades del cliente.

Es importante evaluar el nivel de comodidad de tus vendedores al abordar estas conversaciones financieras y cómo esto afecta sus resultados. ¿Están realmente abiertos y dispuestos a discutir el aspecto financiero desde el principio, o muestran alguna reticencia? Estas reflexiones pueden proporcionar información valiosa sobre cómo mejorar la preparación y el enfoque de tu equipo de ventas en relación con el dinero.

Competencia # 12
Manejo del Rechazo

La forma en que los vendedores manejan el rechazo puede marcar una gran diferencia en su desempeño y en su capacidad para recuperarse rápidamente y seguir adelante. Es fundamental evaluar cómo procesan este aspecto inevitable de la venta y cómo afecta su mentalidad y su rendimiento.

Los vendedores experimentados comprenden que el rechazo es parte del juego y lo aceptan como tal. Saben que no se trata de ellos como individuos, sino de su propuesta o idea. Esta mentalidad les permite recuperarse rápidamente y volver al trabajo sin dejar que el rechazo los afecte emocionalmente. Son capaces de separar su identidad personal de la respuesta del prospecto, lo que les permite mantenerse enfocados en sus objetivos.

Por otro lado, algunos vendedores pueden tomarse el rechazo de manera demasiado personal. Se desaniman, se quejan y pueden llegar a obsesionarse con el fracaso. Esta actitud puede llevarlos a una espiral descendente de baja autoestima y rendimiento. Sin embargo, los vendedores de alto rendimiento tienen la capacidad de superar rápidamente el rechazo y seguir adelante con determinación.

Al observar a tu equipo de ventas, es importante comparar cómo manejan el rechazo tus mejores vendedores en comparación con los que tienen un desempeño inferior. ¿Tienen una actitud resiliente y positiva ante el rechazo, o se dejan abrumar por las emociones negativas? Identificar estas diferencias puede proporcionar información valiosa sobre cómo mejorar la capacidad de tu equipo para superar el rechazo y mantenerse enfocado en sus objetivos a largo plazo.

LAS 22 COMPETENCIAS ESENCIALES DE VENTAS

Competencia # 13
Prospección

La capacidad de prospección es fundamental para el éxito en ventas, ya que determina la capacidad de los vendedores para generar nuevas oportunidades de negocio de manera constante y efectiva. Es crucial evaluar si tus vendedores son verdaderos "cazadores" en el sentido de que están activamente buscando nuevas oportunidades sin necesidad de que se les indique.

Esta competencia no solo se trata de realizar llamadas en frío o enviar correos electrónicos masivos, sino también de aprovechar las redes sociales, como LinkedIn, para establecer conexiones significativas y obtener presentaciones de clientes existentes. La pregunta es si tus vendedores están realmente comprometidos con esta tarea y si la llevan a cabo de manera consistente como parte de su rutina diaria.

LAS 22 COMPETENCIAS ESENCIALES DE VENTAS

Es importante reconocer que la prospección es la piedra angular de todo el proceso de ventas. Sin nuevos prospectos, no hay nuevas oportunidades de negocio y el crecimiento de la empresa se ve comprometido. Por lo tanto, es preocupante cuando los datos muestran que muchos vendedores no muestran disposición para cazar activamente nuevas oportunidades.

Al evaluar a tu equipo de ventas en esta competencia, es crucial identificar si están dispuestos y son capaces de llevar a cabo esta actividad de manera autónoma y proactiva. Aquellos que demuestren habilidades sólidas de prospección estarán mejor posicionados para alcanzar el éxito a largo plazo en el competitivo mundo de las ventas.

Competencia # 14
Alcanzar a los Tomadores de Decisiones
Es fundamental que los vendedores puedan acceder a la persona adecuada dentro de una organización, aquella que tiene el poder real para tomar decisiones y cerrar acuerdos. Sin embargo, muchos vendedores tienden a conformarse con comunicarse solo con gerentes intermedios o personas con las que se sienten cómodos, lo que puede limitar su capacidad para llegar a los tomadores de decisiones clave.

La pregunta que debemos hacernos es qué tan efectivos son realmente nuestros vendedores para sortear estas capas organizativas y llegar a la persona que realmente tiene la autoridad para firmar contratos y liberar presupuesto. Los datos revelan que, en muchos casos, los vendedores prefieren interactuar con los gerentes intermedios porque les resulta más fácil y cómodo, pero esto puede ser un obstáculo para alcanzar verdaderamente el éxito en las ventas.

LAS 22 COMPETENCIAS ESENCIALES DE VENTAS

Es crucial que los vendedores comprendan la importancia de llegar a la persona adecuada desde el principio del proceso de ventas. Esto implica identificar quién tiene la autoridad para tomar decisiones y trabajar estratégicamente para establecer contacto con ellos. Si los vendedores se conforman con comunicarse con personas que no tienen el poder de decisión final, están desperdiciando tiempo y recursos que podrían invertirse de manera más efectiva en cerrar acuerdos con clientes potenciales.

Por lo tanto, al evaluar la efectividad de nuestros vendedores en esta competencia, debemos considerar no solo su capacidad para acceder a diferentes niveles dentro de una organización, sino también su determinación para llegar a la persona que realmente puede convertir una oportunidad en un acuerdo concreto. Aquellos vendedores que demuestren habilidades sólidas para sortear estas barreras organizativas estarán mejor equipados para cerrar negocios y lograr el éxito en ventas.

LAS 22 COMPETENCIAS ESENCIALES DE VENTAS

Competencia # 15
Construcción de Relaciones

Es crucial que los vendedores sean capaces de establecer confianza desde el principio del proceso de ventas. Sin embargo, esta competencia va más allá de simplemente tener relaciones superficiales; se trata de construir una conexión significativa que agregue valor desde el primer contacto.

Cuando hablamos de construcción de relaciones, nos referimos a la habilidad de los vendedores para generar confianza y credibilidad en la primera interacción con un prospecto. Esto implica mucho más que solo hacer pequeña charla o encontrar puntos en común; se trata de ofrecer valor tangible desde el principio.

La pregunta que debemos hacernos es qué tan rápidamente y efectivamente pueden nuestros vendedores crear una relación sólida en la llamada inicial. ¿Son capaces de identificar las necesidades del prospecto y presentar soluciones relevantes de manera convincente? ¿Pueden demostrar su experiencia y conocimientos para establecerse como un recurso valioso desde el primer momento?

Evaluar la habilidad de los vendedores para construir relaciones tempranas en el proceso de ventas nos permite comprender su capacidad para generar confianza y establecer una base sólida para futuras interacciones. Aquellos vendedores que puedan crear valor de manera rápida y efectiva en una conversación inicial estarán mejor posicionados para construir relaciones duraderas y cerrar acuerdos con éxito.

LAS 22 COMPETENCIAS ESENCIALES DE VENTAS

Competencia # 16
Venta Consultiva

La competencia en la venta consultiva es fundamental para que los vendedores destaquen en un mercado competitivo. Se trata de mucho más que simplemente hacer preguntas; implica la habilidad de hacer las preguntas correctas, en el momento adecuado y de manera estratégica para guiar la conversación hacia una dirección que genere valor para el prospecto.

Cuando hablamos de venta consultiva, nos referimos a la capacidad de los vendedores para escuchar de manera activa y hacer preguntas que realmente profundicen en las necesidades y desafíos del prospecto. Esto implica ir más allá de las conversaciones superficiales y realmente entender las motivaciones y objetivos del cliente potencial.

Los vendedores consultivos son expertos en hacer preguntas poderosas y cruciales que revelan información valiosa sobre las necesidades del prospecto. Estas preguntas no solo ayudan a construir una relación sólida, sino que también permiten a los vendedores diferenciarse de la competencia al abordar los problemas de manera única y efectiva.

Al adoptar un enfoque consultivo, los vendedores pueden cambiar la percepción del prospecto sobre las interacciones de ventas. En lugar de ser vistos como simples vendedores, se convierten en asesores de confianza que están genuinamente interesados en ayudar al cliente a resolver sus problemas y alcanzar sus objetivos.

Al final de la conversación, el prospecto se quedará con una impresión duradera: o bien pensarán que fue una interacción más del montón, o bien se sorprenderán por la profundidad y la relevancia de la conversación. Esto puede marcar la diferencia entre cerrar un trato o perder la oportunidad. En resumen, adoptar un enfoque consultivo no solo mejora las habilidades de venta de los vendedores, sino que también fortalece las relaciones con los clientes y aumenta las posibilidades de éxito a largo plazo.

LAS 22 COMPETENCIAS ESENCIALES DE VENTAS

Competencia # 17
Vender Valor

La competencia en la venta de valor es crucial para destacar en un mercado saturado de competidores. Se trata de mucho más que simplemente ofrecer el precio más bajo; implica la capacidad de comunicar y demostrar el valor único que tu empresa ofrece a los prospectos y clientes.

Es cierto que muchos vendedores pueden cerrar tratos ofreciendo precios bajos, pero este enfoque a menudo conduce a una guerra de precios que reduce los márgenes de ganancia y devalúa la oferta de la empresa. Los vendedores que se centran exclusivamente en el precio corren el riesgo de perder clientes cuando aparece un competidor que ofrece una oferta aún más barata.

Por otro lado, los vendedores que sobresalen en la venta de valor entienden que el precio es solo una parte de la ecuación. Se centran en cómo su producto o servicio puede resolver los problemas y satisfacer las necesidades específicas de los clientes, y comunican este valor de manera efectiva durante todo el proceso de ventas.

Estos vendedores son capaces de crear una narrativa convincente que destaca las características y beneficios únicos de su oferta, diferenciándose así de la competencia. En lugar de competir en una carrera hacia el fondo en términos de precios, se enfocan en demostrar por qué su solución vale la inversión y cómo puede generar un retorno de la inversión significativo para el cliente.

Además, los vendedores de valor son selectivos en cuanto a los prospectos con los que eligen trabajar. Reconocen la importancia de encontrar clientes que valoren y estén dispuestos a pagar por el valor que ofrecen, en lugar de perder tiempo y recursos en clientes que solo buscan el precio más bajo.

LAS 22 COMPETENCIAS ESENCIALES DE VENTAS

Competencia # 18
Clasificación

La habilidad de clasificación en ventas es como tener un radar incorporado que permite a los vendedores identificar rápidamente las oportunidades que valen la pena perseguir y aquellas que no lo son. Se trata de separar el trigo de la paja, enfocándose en las oportunidades que tienen el potencial real de convertirse en negocios exitosos.

Cuando un vendedor domina la competencia de clasificación, puede tomar decisiones informadas sobre dónde enfocar su tiempo y energía. En lugar de dispersarse en oportunidades poco prometedoras, pueden concentrarse en aquellas que tienen una alta probabilidad de éxito.

La clave para una clasificación efectiva radica en hacer las preguntas correctas y en escuchar atentamente las respuestas. ¿Es esta una oportunidad que realmente queremos ganar? ¿Tenemos los recursos y la capacidad para ganar este negocio?

LAS 22 COMPETENCIAS ESENCIALES DE VENTAS

¿Cómo podemos diferenciarnos y destacar en esta oportunidad?

Los mejores vendedores no solo son buenos para responder estas preguntas, sino que también tienen la intuición y la experiencia necesarias para detectar señales de advertencia y oportunidades potenciales. Son capaces de evaluar rápidamente el potencial de un trato y tomar decisiones sobre cómo proceder.

Los vendedores expertos en clasificación no desperdician tiempo en oportunidades que claramente no encajan con las capacidades y el enfoque de su empresa. Tienen la confianza y la claridad para alejarse rápidamente de las perspectivas que no están alineadas con sus objetivos y valores comerciales.

LAS 22 COMPETENCIAS ESENCIALES DE VENTAS

Competencia # 19
Habilidades de Presentación

La competencia de presentación en ventas va más allá de simplemente mostrar una serie de diapositivas o entregar un discurso preparado. Se trata de saber cuándo es el momento adecuado para presentar y cómo hacerlo de manera efectiva para maximizar las posibilidades de éxito.

Uno de los errores más comunes que cometen los vendedores es presentar demasiado pronto en el proceso de ventas. Esto puede alienar al prospecto y generar resistencia antes de que se haya establecido una verdadera comprensión de sus necesidades y desafíos. Los mejores vendedores saben que la presentación debe ser oportuna y relevante, llegando en el momento adecuado para avanzar en la conversación.

La clave para una presentación exitosa radica en comprender completamente las necesidades del prospecto y adaptar la solución ofrecida a esas necesidades

LAS 22 COMPETENCIAS ESENCIALES DE VENTAS

específicas. Esto requiere una escucha activa y una comprensión profunda de los problemas que el prospecto enfrenta.

Los vendedores efectivos también son expertos en involucrar al prospecto durante la presentación, fomentando la participación y la interacción para mantener su atención y aumentar su compromiso. En lugar de simplemente entregar información, crean una experiencia colaborativa que permite al prospecto visualizar cómo la solución propuesta puede abordar sus desafíos y alcanzar sus objetivos.

Los mejores vendedores son conscientes de que la presentación es solo una parte del proceso de ventas más amplio. Están preparados para adaptarse y pivotar según las necesidades y reacciones del prospecto, utilizando la presentación como una herramienta para avanzar en la conversación y cerrar el trato.

La competencia de presentación en ventas implica mucho más que simplemente mostrar información. Se trata de saber cuándo y cómo presentar de manera

LAS 22 COMPETENCIAS ESENCIALES DE VENTAS

efectiva, adaptándose a las necesidades del prospecto y utilizando la presentación como una herramienta estratégica para avanzar en el proceso de ventas hacia el cierre exitoso del negocio.

LAS 22 COMPETENCIAS ESENCIALES DE VENTAS

Competencia # 20
Cierre

La competencia de cierre en ventas es un aspecto crucial para el éxito en el proceso de ventas. Sin embargo, su importancia va más allá de simplemente asegurar la firma en un contrato. Se trata de ejecutar de manera efectiva a lo largo de todo el proceso de ventas para que el cierre sea el siguiente paso natural y deseado tanto por el vendedor como por el prospecto.

Es interesante observar que incluso los vendedores considerados de élite, los mejores entre los mejores, muestran habilidades de cierre promedio según las evaluaciones de OMG. Esto puede parecer contradictorio a primera vista, pero la explicación radica en el hecho de que estos vendedores excepcionales destacan en otras áreas fundamentales, como la calificación y la venta consultiva.

Para estos vendedores de alto rendimiento, el cierre no es un evento aislado, sino más bien el resultado lógico de un proceso de

LAS 22 COMPETENCIAS ESENCIALES DE VENTAS

ventas bien ejecutado. Han dominado el arte de identificar oportunidades genuinas, comprender a fondo las necesidades del prospecto y presentar soluciones relevantes y convincentes. Como resultado, el cierre se convierte en una conclusión natural y casi automática del proceso de ventas.

Es esencial comprender que el cierre exitoso no ocurre en un vacío. Depende de una ejecución coherente y efectiva a lo largo de cada etapa del proceso de ventas. Desde el primer contacto hasta la presentación de la solución y la superación de objeciones, cada interacción con el prospecto debe estar cuidadosamente diseñada para avanzar hacia el cierre.

La competencia de cierre en ventas es más que simplemente asegurar una firma en un contrato. Se trata de ejecutar de manera consistente y efectiva a lo largo del proceso de ventas para que el cierre sea el siguiente paso lógico y deseado, reflejando el éxito en todas las etapas previas del proceso de ventas.

LAS 22 COMPETENCIAS ESENCIALES DE VENTAS

Competencia # 21
Proceso de Ventas

La consistencia en seguir un proceso de ventas es fundamental para el éxito en ventas, y adoptar un enfoque centrado en hitos puede marcar una gran diferencia. La investigación ha revelado que simplemente seguir un proceso de ventas basado en hitos puede aumentar la capacidad de un vendedor para cerrar ventas en aproximadamente un 15%, incluso sin realizar cambios adicionales.

¿Por qué este enfoque es tan crucial? Bueno, en primer lugar, proporciona una estructura clara y definida para los vendedores, lo que les permite comprender en qué etapa se encuentran en el proceso de ventas con cada prospecto. Esto les permite tomar decisiones informadas sobre si avanzar o no en el proceso, asegurándose de que solo dediquen tiempo y recursos a los prospectos que están verdaderamente interesados y listos para avanzar.

LAS 22 COMPETENCIAS ESENCIALES DE VENTAS

Los vendedores hábiles entienden la importancia de la calificación y la consultoría en el proceso de ventas. Saben que no tiene sentido avanzar si el prospecto no está lo suficientemente comprometido o preparado para abordar el problema que están tratando de resolver. Por lo tanto, se resisten a presionar para proporcionar un presupuesto si no es el momento adecuado, ya que comprenden que esto puede socavar la credibilidad y la confianza con el prospecto.

Seguir un proceso de ventas centrado en hitos no solo proporciona una guía clara para los vendedores, sino que también mejora significativamente su capacidad para cerrar ventas al enfocarse en los prospectos adecuados en el momento adecuado y evitar actividades prematuras que podrían sabotear el proceso de ventas.

LAS 22 COMPETENCIAS ESENCIALES DE VENTAS

Competencia # 22
Tecnología de Ventas
El mundo de las ventas ha experimentado una transformación significativa, y adaptarse a las nuevas tecnologías es crucial para el éxito en el panorama actual. Entonces, ¿cómo se desempeñan tus empleados en el uso de herramientas como CRM, ventas sociales y habilidades en video para impulsar sus ventas?

Es fundamental evaluar la competencia y confianza de tus vendedores en la adopción de estas tecnologías. ¿Son capaces de crear videos atractivos que capten la atención del público objetivo? ¿Han integrado eficazmente plataformas como LinkedIn, Twitter y otras redes sociales en su estrategia de ventas? ¿Están aprovechando al máximo las funcionalidades de tu sistema CRM para rastrear las actividades de los prospectos y clientes, y coordinar los pasos a seguir?

LAS 22 COMPETENCIAS ESENCIALES DE VENTAS

Al considerar a tu equipo de ventas, es importante identificar si están utilizando estas herramientas de manera efectiva. ¿Están sus procesos de ventas alineados con las mejores prácticas y aprovechando plenamente las capacidades de la tecnología disponible? ¿O notas que los tratos se estancan más de lo necesario, posiblemente debido a una falta de dominio de estas herramientas?

La confianza en la adopción de nuevas tecnologías puede marcar la diferencia entre el éxito y el estancamiento en las ventas. Por lo tanto, es crucial asegurarse de que tu equipo esté capacitado y motivado para utilizar estas herramientas de manera efectiva, lo que puede impulsar significativamente la capacidad de tu empresa para encontrar, calificar y cerrar negocios de manera más eficiente y exitosa.

EPILOGO

En el recorrido a través de las competencias fundamentales de ventas, hemos explorado los cimientos que sostienen el éxito en este campo dinámico y desafiante. Desde el deseo ardiente de triunfar hasta la habilidad para cerrar tratos de manera efectiva, cada competencia abordada en este libro ha sido clave para alcanzar el máximo rendimiento en ventas.

En este epílogo, te invito a reflexionar sobre el camino recorrido y a mirar hacia el futuro con optimismo y determinación. Durante nuestro viaje, has descubierto no solo las habilidades necesarias para alcanzar el éxito en las ventas, sino también la importancia de cultivar una mentalidad proactiva, una actitud de responsabilidad y una motivación intrínseca.

Recuerda que el camino hacia el éxito en las ventas no siempre será fácil. Habrá desafíos, obstáculos y momentos de duda. Sin embargo, con las herramientas y

LAS 22 COMPETENCIAS ESENCIALES DE VENTAS

conocimientos adquiridos a lo largo de este libro, estás equipado para superar cualquier adversidad y alcanzar tus metas más ambiciosas.

Te animo a seguir cultivando tus habilidades, a buscar constantemente nuevas oportunidades de aprendizaje y crecimiento, y a mantener siempre viva la pasión por la excelencia en todo lo que hagas. Con determinación, dedicación y un compromiso inquebrantable con tu desarrollo profesional, no hay límite para lo que puedes lograr en el fascinante mundo de las ventas.

Que este libro sirva como tu guía constante en tu viaje hacia el éxito, inspirándote a alcanzar nuevas alturas y a convertir tus sueños en realidad. ¡Que cada día te acerque más a tus metas y te permita brillar con todo tu potencial en el gratificante campo de las ventas!

LAS 22 COMPETENCIAS ESENCIALES DE VENTAS

ACERCA DEL AUTOR

Dionisio Melo ha labrado una distinguida carrera mediante su incansable búsqueda de estrategias de ventas genuinamente efectivas para el exigente mercado latinoamericano. Su influencia abarca diversas dimensiones del ámbito de las ventas, ejerciendo un impacto significativo en toda la región.

No se limita únicamente a ser un orador destacado en conferencias de ventas y un guía experto en reuniones de entrenamiento y coaching personal para vendedores; va más allá al compartir su vasta experiencia y novedosas estrategias de ventas con un selecto grupo de clientes.

Además de su destacado papel en el ámbito corporativo, Dionisio Melo ha plasmado su profundo conocimiento en varios libros sobre ventas y gerencia de ventas. Estas publicaciones reflejan su compromiso con la excelencia en ventas y su habilidad para abordar los desafíos específicos de diversos sectores.

El impacto de Dionisio como experto en ventas es innegable; sus ideas y conocimientos son omnipresentes en empresas de prácticamente todos los sectores. Su popularidad trasciende las fronteras, llegando a una audiencia de más de 30,000 personas a través de boletines informativos en toda América Latina. Además, su influyente blog ha sido ampliamente compartido y republicado en numerosos sitios web especializados en negocios y ventas.

Dionisio Melo continúa desempeñando un papel crucial como consejero de empresas en constante crecimiento, brindando un apoyo inestimable para que estas compañías alcancen nuevos niveles de éxito en el competitivo mercado latinoamericano. Su dedicación y compromiso con la excelencia en ventas, respaldados por sus valiosas publicaciones, consolidan su posición como una figura influyente y respetada en la región.

www.ingramcontent.com/pod-product-compliance
Lightning Source LLC
Chambersburg PA
CBHW070411230526
45471CB00006B/2747